AF588655

(353e) Vente DURAND jeune

CINQUIÈME ET DERNIÈRE PARTIE

ILLUSTRATIONS

Suites complètes et incomplètes

DE

VIGNETTES

Pour les œuvres Classiques français et étrangers

AUTOGRAPHES

Vente le Jeudi 14 Janvier 1875

Me DELBERGUE-CORMONT
COMMISSAIRE-PRISEUR

M. VIGNÈRES
MARCHAND D'ESTAMPES

PARIS — 1875

Payé le
Mars 75 M. Durand 5,598. Frais 20.12 1125 85 4,472 15

ST MALO-DE-LA-LANDE 2e 12 FEVR. 75 (48)

Monsieur Pignères
Rue de la Monnaie 21
Paris

(353e)

CATALOGUE

ILLUSTRATIONS

Suites complètes et incomplètes

DE

VIGNETTES

Pour les œuvres des Classiques français et étrangers

AUTOGRAPHES, MANUSCRITS

RÉUNIES

PAR M. DURAND JEUNE, LIBRAIRE

(*Cinquième et dernière partie*)

DONT LA VENTE AURA LIEU

HOTEL DES COMMISSAIRES-PRISEURS

RUE DROUOT, 5, SALLE N° 7

AU PREMIER ÉTAGE

Le Jeudi 14 Janvier 1875

UNE HEURE PRÉCISE

Me DELBERGUE-CORMONT, Commissaire-Priseur,
rue de Provence, 8,
Assisté de **M. VIGNÈRES,** Marchand d'Estampes,
rue de la Monnaie, 21 (ancien 13), à l'entre-sol.

PARIS — 1875

CONDITIONS DE LA VENTE

L'ordre du Catalogue sera suivi.

Elle sera faite au comptant.

Les Acquéreurs paieront CINQ POUR CENT en sus des enchères, applicables aux frais de vente.

Tous les numéros contenant plusieurs exemplaires pourront être divisés à la volonté du vendeur.

M. VIGNÈRES, dirigeant la vente, se charge des Commissions.

NOTA. Toute commission sans prix fixé ou sans limite déterminée sera regardée comme nulle.

M. VIGNÈRES se charge de f ire marquer les prix aux Catalogues des ventes qu'il a faites. es personnes qui le désirent peuvent s'adresser à lui *franco*.

Plusieurs Amateurs éloignés en ont reconnu l'utilité pour les guider dans leurs achats sur les valeurs des Estampes.

Les Catalogues des Ventes à faire seront envoyés à toute personne qui en fera la demande *affranchie*.

M. VIGNÈRES se charge des Commissions dans les Ventes de Livres et Estampes autres que les siennes.

Choix de Catalogues avec prix marqués

Lemercy. 5 Deschamps 4.50

Deschamps 3 50
1 ex.

M.J.S.

ILLUSTRATIONS

1 **Audot** (Chez). Faust de Goethe, 26. — Schiller, Guillaume Tell, 12.—Dragon de l'île de Rhodes, 16. — Fridolin, 8. — Shakspeare, Hamlet, 17. — Romeo et Juliette, 12. — Le Songe, 6. — Marchand de Venise, 9. — Macbeth, 8. — La Tempête, 8. — Otello, 12. En tout 11 cahiers composés de 134 vignettes au trait et texte.

2 **Béranger**. Chansons, suites de 75 p. d'après Boulanger, Charlet, Grenier, Johannot, Édition Perrotin. Ancien tirage, gr. in-8. 5 exemplaires.

3 — Vignettes d'ap. Charlet, Johannot et autres. 76 p. Il y a plusieurs rares, les tables au relieur. Défets des doubles.

4 — Vignettes d'ap. Grandville, sur bois gr. in-8, 100 p. et 27 p. de la 1re édition, sur acier, ép. avec cadres. En tout 127 p.

5 — Même suite de 96 p. d'ap. Grandville et 27 p. sur acier avec cadres. En tout 123 p. in-8.

6 — Même suite composée de 115 p. in-8.

7 — Même suite. 10 exemplaires de 97 p. à 75 p. En tout [illegible] p. in-8.

8 **Bible** (La sainte). Vignettes anciennes oblongues. 256 p.

9 **Bible.** Vignettes anciennes d'après les grands maîtres, dit collection Tardieu. 103 p. in-8.

10 — Cahier in-4. Vignettes sur bois avec texte. 158 p. incomplet.

11 — Vignettes anciennes oblongues. 232 p. d'ap. divers.

12 — d'ap. Marillier et Monsiau. 196 p. in-4 avec les cadres, superbes ép. avant la lettre. On a joint la table pour le classement des vignettes.

13 — d'ap. Marillier. 120 p. sans les cadres. Très-belles ép.

14 — Même suite. 90 p. in-8 sans cadres. Défets.

15 — d'ap. Marillier. 256 p. grand in-8, la plupart sont sans les cadres.

16 — Même suite. 187 p. sans les cadres, grand in-8.

17 — Même suite. 145 p. gr. in-8 sans les cadres.

18 — Même suite. 457 p. Tirage moderne in-4, avec le nouveau cadre. Défets.

19 — d'ap. Devéria. Édition de Lefèvre. 272 p. avant et avec la lettre in-8 — et 138 eaux-fortes. En tout 410 p. Défets.

20 **Nouveau Testament.** Actes des apôtres. Suite complète de 28 p. d'ap. Moreau, avant la lettre in-8. Tirage in-4, rare.

21 — Les quatre évangélistes. 83 p. d'ap. Moreau. 2 exemplaires.

22 — Vignettes d'ap. Moreau. 58 p. avant et avec la lettre, la plupart grand papier. Défets.

23 — Petites Vignettes anciennes. 84 p. Suite complète.

Adam 21, Lemeig 12

Adam 10 Deschamp 25
Si complet

Lemeig. 12.

Adam 3.50

Adam 3.

Deschamps 1.50
1 ex

Ricardo 50 Deschamps 8.50 Adam 6. Ledru 13
si complet

Cusco 25 Deschamps 11

M.d.C Michel 28

M.d.C Deschamps 3 50

M.d.C

Leotard 5 Deschamps 3 50

24 — Vignettes par Adam. 20 p. Chine, avant la lettre.

25 **Boccace.** Titres fleurons avec allégories pour chaque volume, 11 p. 4 exemplaires dont 2 ont la vignette du tome V en 1er état.

26 — Contes, d'ap. Gravelot, Eisen, etc., par Le Mire et autres. Édition de 1757, 1er tirage, 130 p. Il y a des ép. en rouges et quelques doubles.

27 **Brochures,** Pamphlets, Affiches, etc., sur la Révolution de 1789, le 18 brumaire, l'Empire et la Restauration, les Angoisses de la mort ou idées des horreurs des prisons d'Arras, la Lanterne magique de la rue impériale, liste et noms des coquins qu'il faut chasser des élections, Vœu de la Bazoche, Discours des Rosati de Paris pour le couronnement des rosières, Extraits du Moniteur, Décrets, etc., plusieurs parchemins. Fort lot très-curieux.

28 **Cervantes.** Nouvelles, ornées de figures, par Folkema. 2 vol. in-12. Lausanne, 1759, v. m.

29 **Châteaubriand.** Suite de 24 Eaux-fortes, d'ap. Johannot. Grand in-8, belles ép. très-rares.

30 — Mémoires d'outre-tombe, d'ap. de Moraine. 60 p. in-8. Défets.

31 — OEuvres, Vignette d'après Philippoteau et autres. In-8, 96 p. Défets.

32 — OEuvres, d'ap. G. Staal. 92 p. in-8. Défets.

33 — Correspondance littéraire. Opuscule inédit, imprimé à 10 exemplaires, aux frais d'un amateur. In-8 de 72 pages, papier vélin, très-rare.

34 **Choderlos de la Clos.** Les liaisons dangereuses, édition de 1796, d'ap. Monnet, 12 p. avant la lettre, 1 avec la lettre, 6 eaux-fortes. En tout 19 p. in-8. Rares.

35 **Cochin** (D'ap.). Vignettes diverses, 62 p. différentes.

36 **Corneille** (P.). Suite complète de 24 p. d'après *Moreau* avant la lettre, grand in-8, on a ajouté 2 portraits de Corneille et 2 vignettes d'ap. *Moreau* pour Psyché et pour le festin de Pierre. Très-rares. En tout 28 p. dont 11 ne sont pas du même tirage.

37 **Couché.** Suite de 16 vignettes in-18 sur la Révolution petit vol. dem.-rel. 2 exemplaires.

38 **De Longueil.** Vignettes tirées de divers ouvrages, 68 p.

39 — Doubles des mêmes, 24 p.

40 **Demoutiers.** Lettres à Emilie sur la mythologie, 17 vignettes et fleurons sur les titres — 65 vignettes avant et avec la lettre et eaux-fortes, chine et blanc. En tout 82 p. in-18.

41 **Ducis.** Portaits par Corbould, 97 ép.— Portraits en pied au bord de la mer, 100 ép. — Vignette : Jeune Femme près d'un malade, 97.— La Poésie, 6 ép. — Danaë, 15 ép. — La Mélancolie, 106 ép. En tout 421 p. grand in-8. Avant la lettre, chine, blanc et eaux-fortes.

42 **Eisen** (D'ap. C.). Vignettes diverses. 120 p. différ.

43 **Esope** et **Lafontaine.** Fables, Vignettes très-anciennes, 180 p. d'ap. Cause.

44 — Fables, Vignettes diverses, 112 p.

[illegible] 3. Hougard 12. Lucas 25 Michel 18. Dieny

Adam 3. Deschamps 5

Deschamps 5 Dorcal 240 [illegible]

[illegible] 10 Deschamps 8.50

[illegible]

Deschamps 8.50 Lemaig 10.
et complets
[illegible]

Adam 5 Chevreau 15 Deschamps 9.50
Adam 5 Deschamps 6.

[illegible]

Adam 3

Deschamps 3 50

Descham 4

Dicuny Chevone 10

Deschamps 3 50

Deschamps 0 Adam 3
Chevone 3

[illegible] 3

[illegible]

Adam 3 50

[illegible]

45 — Vignettes pour les cinq Fabulistes, la plupart peut servir à La Fontaine. 135 petites pièces.

46 **Florian.** Fables, suite complète de 18 p. avant la lettre, in-8, coloriée. 3 exemplaires.

47 — La même suite en noir, avec la lettre et encadrement. 4 exemplaires, grand in-8.

48 — Œuvres d'ap. Desenne. Environ 160p. Défets, il y a des doubles.

49 — Environ 50 p. pour Gonzalve, le Théâtre, etc. Défets.

50 **Galerie de Versailles** Furne. 41 planches avant la lettre, chine et blanc. Faits historiques de 1789 à 1836, in-4.

51 **Galerie de Versailles.** Furne, choix de Pièces historiques. 50 p. avec la lettre.

52 **Gessner.** Fleurons d'ap. Le Barbier. Gr. in-8. 34 p., vol. couvert en toile rouge.

53 — Même suite, sur chine volant. Dem.-rel., dos toile.

54 **Gravelot** (D'ap.). Vignettes diverses. 56 p.

55 **Hamilton.** Suite complète de 4 p. d'ap. Moreau, sur chine volant. Grand in-8.

56 **Holbein.** Alphabet de la mort. In-12, broché, *Paris, Ed. Tross*, 1856.

57 **Hugo** (Victor). Réunion de 19 p. pour ses Œuvres : théâtre, poésies, romans. 2 exempl., 38 p.

58 — Notre-Dame de Paris, édit. *Furne et Renduel.* 75 p. Défets.

59 — Cromwell, d'ap. Johannot et autres, avant et avec la lettre. 53 p. Défets des doubles.

60 **Hugo** (V.). Théâtre, avant et avec la lettre. 86 p. Défets des doubles.

61 **Johannot** (D'ap. Tony). Vignettes avant la lettre, sur chine. 25 sujets sur 16 feuilles et autres, d'ap. Deveria, etc. 50 p. de choix.

62 **La Fontaine.** Œuvres, Fables, Contes, Théâtre, Psyché. Suite complète de 147 vignettes avant la lettre, avec encadrement, grand in 8; il y a 5 contes qui sont premier état. 2 exemplaires.

63 — Œuvres. Suite complète de 12 p. d'ap. Deveria. Grand in-8, avant la lettre.

64 — Même suite complète. 12 p. grand in-8 avec la lettre.

65 — Œuvres complètes : Fables, Contes, Psyché, Théâtre. 145 p., très-grand in-8, d'ap. Desenne et autres. Édition Nepveu, vol. cart., dos toile.

66 — Fables, Contes, Psyché, Théâtre. 145 p., d'ap. Desenne et autres. Édition Nepveu, tirage grand in-8 avec la lettre, pouvant entrer dans les éditions in-12 et in-18. Vol. dos toile.

67 — Œuvres, d'ap. Moreau. Suite complète de 26 p., premier tirage, 1814, in-8. 2 exemplaires.

68 — Même suite de 26 p., premier et deuxième tirages in-8. 2 exemplaires.

69 — Œuvres, d'ap. Moreau. Édition 1814, ép. avant la lettre. 90 p., premier tirage.

70 — Œuvres. Eaux-fortes d'ap. Moreau. 29 p. Défets. 1re et 2e édition.

71 — Œuvres, d'ap. Moreau, avec la lettre. 1er et 2e tirage. 83 p. in-8. Défets.

[illegible] 3 .00

Adam 6 .00 — [illegible] 7. 1 ex — Espagnet 10 1 ex — Chelier 1 ex. en ardoise

Barbier 11

sur

Barbier

Barbier 21

sur

Barbier

Guichard 40 1. ex — Lucas 55 1. ex

Lemercier 10 1 ex

Beraldi 51

Barbier 7

Lemercier 10

Hiram 3

Barbier 6

Lepezel 10 Lemercier 30 Deschamps 10 Barbier 49 Hiram 8

Barbier 4

Deschamps 3

1. ex.

le 80 pour 81 et vice versa

Deschamps 9

1 ex du 3 état

Deschamps 10 Barbier 21

Deschamps 4

Deschamps 3

72 — Œuvres, d'ap. Moreau. 2e suite gr. in-8, avant la lettre. 85 p. Défets

73 — Fables, édition originale par F. Chauveau, 57 p. Défets. — 37 p. tirées des Fables d'Ésope, en tout 94 p. très-anciennes.

74 — Fables, d'après Bergeret. Suite complète de 12 p., une pour chaque livre, avant la lettre, grand papier.

75 — De la même suite, avant, avec la lettre et eaux-fortes. 36 p. Grand papier. Défets.

76 — Fables, par Bertin et Savart. Édit. Bouillon, 246 p. in-8. Toute marge.

77 — Même suite, 174 p. Édit. Bouillon — et 77 p. Défets. En tout 251 p.

78 — Fables, par Coiny d'ap. Vivier. Collection complète de 276 p. Très-belles ép. très-grand in-8. Papier vélin, avec encadrement.

79 — Même suite. 88 p. avant les numéros. Défets.

80 — Fables. Suite complète de 60 p., par Couché, Ransonnette, avant la lettre. Grand papier. 9 exemplaires.

81 — Même suite. 60 p. in-12. 13 exemplaires : 3 d'eau-forte, 2 avant la lettre, 8 avec la lettre.

82 — Fables, d'après Monnet, par Fessard. Suite complète de 244 p.

83 — Fables. Édition Nepveu. Collection complète de 60 vignettes avant la lettre. Tirage grand in-4, vélin ancien.

84 — La même suite. 60 p. grand in-8, sur chine, avec la lettre.

85 **La Fontaine.** Fables. Édition Nepveu. Grand in-8, avant la lettre. Suite complète de 60 p., vol., dos toile.

86 — Fables. Édition Nepveu. 290 p. in-8 avant la lettre. Défets.

87 — Même suite. 200 p. avec la lettre. Défets. In-8.

88 — Fables. Édition Nepveu. 1048 ép., il y a 4 ex. il y a des avant, avec la lettre, eaux-fortes et coloriées.

89 — Fables, d'ap. Oudry (?). 128 p. in-8.

90 — Fables, d'ap. Percier, avant la lettre. 20 p. oblongues. Défets.

91 — Fable : le Chêne et le Roseau, d'ap. Moreau. 90 épreuves in-8, gravées par Devillier.

92 — Fables, d'ap. Oudry. In-8, par Punt et Vinkeles, 1758. 244 p.

93 — Fables, d'ap. Oudry. 110 p. in-4, en bistre, album dos toile.

94 — Le même ouvrage. 107 p. petit in-4, album dos toile.

95 — Fables, d'ap. Oudry, avant la lettre. 97 p. grand in-4 oblong.

96 — Même suite. In-4 oblong. 110 p. avec la lettre.

97 — Même suite, avec la lettre. 103 p.

98 — Même suite, de 96 p. à 54 p. 9 cahiers. En tout 604 p.

99 — Même suite. 250 p. coloriéees. Défets, des doubles.

100 — Fables gravées par Perdoux. Suite complète de 16 p. in-8.

Deschamps 3 50

Adam 6 50 Deschamp 7. Lemoine 25

Barbier 15 Deschamp 8.50.

ou

Barbier

Espezel 3
1 ex

Espezel 6 Deschamps 4 50
1 ex

Deschamps 4 50
1 ex

Lamotte [illegible] Deschamps 6
1 ex 1 ex

[illegible] Deschamps 6 50
1 ex

101 — Fables, Psyché, Théâtre. Eaux-fortes et terminées avant la lettre, d'ap. Desenne, 24 p., 6 exemplaires. En tout 143 p. in-12.

102 — Fables. Recueil de 96 p. Vol. in-12, dem.-rel. dos rouge. Bibliothèque Renouard.

103 — Contes. Texte de 16 contes, attribuées, grand papier vélin ancien, complément à toutes les éditions. 6 exemplaires brochés.

104 — Contes, d'ap. Chasselat, Desenne et autres. 35 p., tirage très-grand in-4.

105 — Contes, Fleurons. 65 p. d'ap. Choffard. Pap. vergé in-8, vol. dos toile. 3 exemplaires.

106 — Même suite sur chine volant. 6 exemplaires en feuille.

107 — Contes, d'ap. Desenne, Monnet et autres. 75 p. avant la lettre, in-18. 6 exempl. cartonnés.

108 — Contes, d'ap. Desenne, Monnet, etc. 75 p. avant la lettre, in-18, non rognées. 9 exempl.

109 — Contes, d'ap. Desenne. Édition Nepveu, gr. in-8, environ 150 p., la plupart sur chine, avec cadre, ép. avant la lettre. Défets.

110 — Contes. Édition Nepveu. 160 p. avec encadrements, la plupart avant la lettre. In-8. Défets.

111 — Même suite, in-8, la plupart avant la lettre, sans cadre. Défets.

112 — Même suite, in-8, avant la lettre. Environ 200 p. Défets..

113 — Contes, d'ap. Desenne. Édit. Nepveu, 123 p., eaux-fortes, in-18. Défets.

114 **La Fontaine.** Contes, même suite, avant et avec la lettre. 300 p. in-18. Défets.

115 — Contes, d'ap. Desrais, suite complète de 24 p. in-18, très-jolies vignettes très-rares, — de la même suite. 28 p. Défets, en tout, 52 p.

116 — Contes, Duplessis-Bertaux. Suite de 95 p. gr. in-8 avant la lettre, sur chine, on a joint le texte des 16 contes attribués. Vol. carton., non rogné. 6 exempl.

117 — Contes, Duplessis-Bertaux. Suite complète de 95 p. Édition Cazin, grand in-8, avant la lettre, chine, en feuilles, le classement indiqué. 6 ex.

118 — Contes, par Duplessis-Bertaux. 95 p. in-8, avant la lettre, papier vergé, classement indiqué. 10 exemplaires.

119 — Contes. Suite complète de 95 p., par Duplessis-Bertaux, d'après Monnet, Sergent, etc. Édit. Cazin, in-8, avant la lettre, papier vélin, ancien tirage, vol. couvert en toile.

120 — Contes, Duplessis-Bertaux. Suite de 95 p. in-18, avant la lettre, cartonné. 3 exemplaires.

121 — La même suite en feuilles in-18, avant la lettre, en feuilles. 2 exemplaires.

122 — Contes. Suite de 40 p. avant la lettre, par Duplessis-Bertaux, d'ap. Monnet et autres. 8 p. sont en 1er état. 25 ex. cartonnés.

123 — Même suite de 40 p. avant la lettre, in-12. 8 p. 1er état. 30 exempl. en feuilles.

Adam 12

Horgand 25 Deschamps 5 50 Guichard 50 Lucas 55 Lemeig 15

Lamois j. Lopez 10
1 ex ou les suivants

ou Lemeig. 12
1 ex. quelconque
avant ou avec
le 16.

ou

Grojea 55

Grej à 66 Lamos ou

Lamos

Lamos

Lamon

Lamon

Picardo 100. Duchamp 30 <u>Bordes 700</u> Chevena 40 Hedon 10 Grojea 72

Deschamp 4 Adam 4

Duchamp 3

124 — Contes, d'ap. Duplessis, Monnet, etc. 95 p. Édition Cazin, tirage in-8, avant la lettre; on a joint le texte de cinq contes tirés des éditions anciennes, dont le Rossignol, vol. dos toile.

125 — Contes, par Duplessis-Bertaux. Épreuves de choix. Édition Cazin. 70 p. remargées in-8, de toute beauté.

126 — Contes, par Duplessis-Bertaux, d'ap. Desenne, Monnet, Sergent, etc. Suite de 51 p. in-8, avant la lettre et avant les planches coupées.

127 — Contes, par Duplessis-Bertaux. Édition Cazin. 196 p. Tirage grand papier. Défets.

128 — Contes. Suite de 23 p., de Duplessis-Bertaux, etc., avant la lettre, in-12, avec cadre; le classement est indiqué.

129 — Contes, par Duplessis-Bertaux et autres. 118 p. Édition Nepveu, in-8, avec cadres, avant la lettre. Défets.

130 **La Fontaine.** Contes. Édition des FERMIERS GÉNÉRAUX, 1762, d'ap. *Eisen*, suite complète de 80 p. in-8, belles ép., toute marge, le portrait de La Fontaine, de *Ficquet;* le Cas de conscience et le Diable de Papefiguière y sont de deux états différents; les 13 vignettes rejetées, et très-rares, sont ajoutées. En tout 96 p., bel exemplaire.

131 — Contes. 76 p. et le frontispice, et pour Boccace, par Romain de Hooge. Defets.

132 — Contes. 68 p. et le frontispice de Romain de Hooge. Defets.

133 — Contes. Psyché, d'ap. Desenne. 41 p. eaux-fortes et avant la lettre. Defets

134 **La Fontaine**. D'ap. Déveria, Fables, Contes et Psyché. 24 p. eaux-fortes, grand in-8. Défets.

135 — Même suite avant la lettre, chine et blanc. 25 p. Défets.

136 — Même suite avant la lettre. 17 p. Défets.

137 — Psyché, 5 p. Théâtre. 7, en tout 12 vignettes d'ap. Desenne, tirage in-8, avant la lettre. 43 ex.

138 **Lagniet**. Proverbes: Elle laisse aller le chat au fromage. — Temps pomelé femme fardée. — Le Tondeur de drap. 3 p. très-belles et très-rares.

139 **La Harpe**. Tangu et Felime, 4 charmantes vignettes, d'ap. Marillier 1780.

140 **Léonard**. Le Temple de Gnide et l'Amour vengé, texte et 11 vignettes, d'ap. Desrais, 1773, petit in-4. rel. pleine, v. m. filets.

141 **Le Sage**. Le Diable boiteux, avec 12 fig. montrant l'intérieur des maisons, 2 tomes en 1 vol. in-12. *Amsterdam*, *P. Mortier* 1757.

142 **Marguerite de Navarre**. Heptaméron des Nouvelles, 24 vignettes, d'ap. Freudeberg, et texte, vol. in-12. dem.-rel. maroq. citron.

143 — Recueil de 74 vignettes, d'ap. Freudeberg pour l'Heptaméron, Contes, grand in-8. vol. dem.-rel. v. rouge.

144 **Marillier** (D'ap.). Vignettes diverses, avant, avec la lettre et eaux-fortes. 103 p. différentes.

145 **Moreau** le jeune. Ah! madame vous la voyez, charmante composition, grand in-8., d'ap. Greuze. Très-belle ép.

146 — Vignettes tirées de divers ouvrages, avant et avec la lettre. 80 p. différentes.

Thevenin 4

Ricardo 10

Deschamps 4.

[illegible]

Deschamps 3 [illegible]

Adam 4 Deschamps 10 Lemery 20 Engel 12 Thalès
St complet

Thevenin 15 Deschamps 8

Sieurs

Deschamps 6.

Spezel 16 Michel 35 Deschamps 40 Thevenot 20 Fledou 14 Gray 25
[illegible]

Deschamps 12 Thevenot 30

Deschamps 1 Thevenot 4

Lucas 30 Deschamps 3 [illegible]

Deschamps 4 50 J. Guiffrey 36 Lalouette Fledou 10

147 **Ovide.** Métamorphoses. Vol. in-4. de 140 vignettes, d'ap. Boucher, Eisen, Gravelot, Monnet, Moreau, Parizeau, etc., dem.-rel. chag. rouge.

148 **Pfnor.** Recueil d'Estampes relatives à l'ornementation des appartements. 144 pl. et texte petit in-fol., par M. Destailleurs, *Paris*, *Rapilly*, en feuilles en 2 portefeuilles.

149 **Portrait** de Rameau, dessin à la mine de plomb, d'ap. Saint Aubin. in-4.

150 **Prévost** (L'abbé). Manon Lescaut. 21 vignettes. Défets, épreuves, contre-épreuves, eaux-fortes, d'ap. Lefèvre, et 2 titres du tome IIe, 1797.

151 **Rousseau** (J. J.). Œuvres d'ap. Eisen et autres pour les premières éditions avant et avec la lettre. 72 p. Défets des doubles.

152 — Œuvres d'ap. Gravelot pour les premières éditions; on a joint l'explication des planches d'Héloïse. 90 p. Défets des doubles.

153 — Œuvres d'ap. Marillier, Moreau, etc., divers formats. 65 p. Défets.

154 — Botanique. Collection complète de 44 p. coloriées, d'ap. Aubry, in-4, vol. carton.

155 **Saint-Igny.** Élément de Povrtraitvre ov la Mode de representer et pourtraire toutes les parties du corps humain. Paris chez l'Anglois dit Chartres. Têtes d'hommes et de femmes. Bacchanale d'enfants. Études académiques. 52 p. et 13 dans le texte fait 65 p., on y a joint Libro novo da designare, dédié à M. de Villarceaux *in* Nancy, F. Collignon sculp. Ce vol. est extrêmemeut rare.

156 **Voltaire.** D'ap. Chasselat, suite complète de 21 p. pour le poëme de Jeanne d'Arc, in-12.

157 — D'ap. Chasselat, Déveria et autres différents formats, avant avec la lettre, et eaux-fortes. 58 p. Défets.

158 — La Henriade, d'ap. Desenne, suite complète de 10 p. sur grand papier de Chine. 2 exemplaires.

159 — La Henriade, suite de 10 p., d'ap. Eisen, in-18. 6 exempl., suite de 11 p. d'ap. de Troy et Duflos. in-12. 4 exemplaires, en tout 104 p.

160 — Suite de 21 vignettes, par Duplessis-Bertaux pour le poëme de Jeanne d'Arc, papier chine encollé, in-18. 16 exemplaires.

161 — Poëme de Jeanne d'Arc. Suite complète de 21 p., d'ap. Marillier, Monsiau et Monnet. Superbes ép. avec les cadres. 1er tirage, petit in-fol.

162 — La même suite avec les cadres, grand-in-4. 21 p. les vignettes des chants 10 et 11 sont avec les cadres effacés, grand in-8.

163 — D'ap. Moreau. Suite complète de 44 p. pour le Théâtre, grand in-8.

164 — La même suite, in-8, anciennes ép. 44 p.

165 **Voltaire.** Édition de Kehl. Collection complète en 108 p., d'ap. Moreau, 1re suite pour les œuvres édition 1784. Épreuves avant la lettre; très-rare, très-belle condition; plusieurs sont grandes marges, quelques-unes remargées à claire-voie. Il y a le titre avec fleuron, la dédicace au Prince, les 2 ép. tragédie d'Agathocle et

Deschamps 1,50

Descat-
1 ex

Deschamps 1,50 Descat-
1 ex 1 ex

Deschamps 2 Guichard 60.

Deschamps 32 Lucas 400 600

Lucas 90 Deschamps 7
[illegible]

Deschamps 1 50

Adam 5 50

Deschamps 2 50

Deschamps 2

Deschamps 3 50

Deschamps 2 Chevenon 20

Deschamps 3 50 Chevenon 25

Deschamps 3 50
1 ex.

le tableau des œuvres de Voltaire. En tout 114 p. montées sur onglets, vol. dem.-rel. dos vélin blanc. 5 pièces ne sont pas du même tirage. 50, 51, 61, 86, 87.

166 — Édition de Kehl, 1er tirage avec la lettre, grand papier. 110 p. in-8. Manquent les planches 10 et 12 pour la Pucelle.

167 — Suite complète de 44 p. pour le Théâtre et 10 p. pour la Henriade, d'ap. Moreau. Ancien tirage grand in-8. En tout 54 p. 7 exemplaires.

168 — Jeanne d'Arc, d'ap. Moreau, suite complète de 21 p. in-8.

169 **Walter Scott**. Titres, Vignettes, édition Defauconpret. 196 p., d'ap. Johannot. Il y a des doubles.

170 **Vignettes anglaises**. Sujets divers. Choix de 90 p.

171 **Vignettes** anglaises et françaises sur chine, avant la lettre. Choix 50 p.

172 — Tirées de divers ouvrages du XVIIIe siècle. 100 p.

173 **Vignettes françaises** diverses avant la lettre chine et blanc. 50 p. épreuves de choix.

174 — D'ap. Corboult et Desenne. 100 p.

175 — Vignettes pour les cinq Fabulistes. 86 p., publication de la fin du XVIIIe siècle. 2 exemplaires, cartonnés dos toile.

176 — Sous ce numéro sera vendus un nombre de bons lots de Vignettes diverses.

177 **Lafontaine**. Contes, textes. Défets. Édition des fermiers généraux. Ier vol. et 2 exemplaires du IIe vol. et les fleurons de Choffard. Édition de 1762.

178 Gravures chinoises sur papier jaune et papier rose. 74 p. — Carte de la province et de la ville de Canton roulée.

179 Livres d'Heures de Thielman Kerver, 1525 1539. 2 fragments, les Entourages, la Danse des morts et autres ornements, et une gravure sur vélin de l'Éducation de la Vierge.

180 Recueil manuscrit contenant les chansons et poésies du Chevalier de Boufflers, très-belle écriture sur papier ancien, in-4, carton.

181 **Autographes**. Duc d'Orléans, Louis-Philippe, 26 novembre 1824. — Henri d'Orléans, duc d'Aumale, 3 août 1844. — M. le comte Molé, 23 mai 1844. 3 p.

182 **Beaumarchais**, 17 nivose, an VII. L. A. S. à M. Bossange, amusante.

183 **Béranger**, 23 janvier 1817. Petite L. A. S. à M. Ladvocat et une chanson à Charles de Navarre.

184 **Bossuet** év. de Meaux. L. A. S. au P. Mauduit. 4 pages.

185 — L. A. S. à M. Perrault. Remerciement d'une dédicace, avec notice biographique imprimée.

186 **Brondsted** (Chev.) A M. le baron Walckenaer, 26 février 1826.

187 Cazalès, — Bailly, — Thienot, 3 fragments, A. S. Chateaubriand. — Victor Cousin, 2 fragments.

Discharge 2.

Discharge 2.50

Discharge 1.50

Discharge 2. Desert

Discharge 10.50

Discharge 10.50

Deschamps 1.50

Deschamps 10 50

[illegible]

Leuland 3

Deschamps 1

188 **Charlet.** 5 L. A. S., intéressantes. Seront divisées.

189 **Delalande,** 17 novembre 1779. Petite L. A. S. — Maupertuis. L. A. S. 2 p.

190 **Delaroche** (Paul). 2 L. A. S.

191 **Demoustier**, auteur des lettres à Émilie. Fragment de son ouvrage, Aut. 2 pages.

192 **Fenelon.** L. A. S. Cambray, 6 juin 1699, au sujet d'affaires ecclésiastiques. 3 grandes pages, avec notice biographique imprimée.

193 **Jordan** (Hip.). 2 L. A. S. et 2 lettres à lui adressées. 4 p.

194 **Lafontaine**, 28 février 1656. Reçu A. S. de 107 liv. 15 solz.

195 **Le Bailly**, auteur des Fables. L. A. S., 14 avril 1820, charmante, amicale, à M. Deville, médecin.

196 **Nourrit** (Adolphe), 18 janvier, — 30 mars 1834. 2 L. A. S.

197 **Plessy** (Jeanne), du Th. Français. L. A. signée.

198 **Sade** (Marquis de). L. A. S. Une page.

199 **Ximenée**, auteur dramatique septuagénaire. L. A. S. à Legouvé. Portrait décrits du duc d'Orléans et de Mme de Genlis, par Rivarol. 2 p.

200 **Artistes**, Statuaires, Fayatier. — L. Duprez. — Simart. 3.

201 — Peintres, Léon Cogniet, — Schnetz, — P. Letertre, — Landon, — Ytasse. 5 p.

202 — Lettres adressées à M. Gudin, M. de Chenevières, sa réponse, etc. 7 p.

203 **Littérateurs**. Colnet, — Millevoye, — Geoffroy le critique, — Bernardin de Saint-Pierre, — Regine, — Fulchiron, — Walpole à Mme Du Deffant, — Noel. 8 p.

204 — Droz, — Vanderbourg, — et autres adressées à M. Renouard. 8 p.

205 **Divers**. Comte Siméon, — baron de Veze, — de la Bedoyere, — marquis de Saluces, — Tissot, — Casimir Perrier, — Amand, — Foissac, — Laya, — Pixericourt, — Double, — J. Pichon, — Lamartine.

206 **Signatures** du comte Dejean, — Montalivet, an XIV, — Vaublanc, — Molé, — Becquey, — Gassendi, — Dupin, — Vatout.

207 Manuscrits anciens. Le Bohon-Upas (mélodrame en 5 actes), — Jeanne de Montfaucon, en 5 actes.

208 Différents Autographes sans signatures, — Papiers divers, — Fac simile, etc., etc. Sera divisé sous ce numéro.

V[es] Renou, Maulde et Cock, impr[rs] de la Cie des Commissaires-Priseurs, rue de Rivoli, 144. 48915

[illegible] 3

66	Etrangers	5 05		5,598 ..
380	France à 5c	19 ..		
300	Paris à 5	15 ..		
124	Lasquien 118.	6 ..		
870				
2	Catalogues annotés et aff. à la poste: 348f 70 / 353 40 / 40	1 50		
1	Main chemises	1 50		
	Honoraires 10%	560 ..	608 05	
	Affiches et afficheur		40 45	
	Insertions au Moniteur des ventes		12 ..	
	Déclaration de vente		2 20	
	Timbre du procès-verbal		3 60	
	Enregistrement		140	
	Versement en bourse commune		176 40	
	Honoraires de Mr Delbergue		176 40	
	Location de la salle		36 20	
	Clerc et crieur		12 ..	
	Catalogue 900.		167	
	Transport à l'hotel		7 10	
	Commissionnaire		5 ..	
	pour supplement de travail		15 ..	
	Enregistrement et timbre de la décharge		4 35	
			1405 75	
	Déduction des 5% des acquereurs		279 90	1,125 85
				4,472 15

Je vous prie de Remettre chez lui le montant de la vente du 14 janvier 1875 c'est lui que je charge de mon faire passer ces fonds vous me direz le chiffre du montant les frais déduits comme à l'ordinaire adieu mon cher Mignerat je vous embrasse de tout cœur de même que votre famille Durand Yme 12 février 1875

Votre Confrère Gibaut est venu me voir il y a quelque jours il est toujours très curieux des images en tous genres c'est homme très curieux d'objets historiques et tous genres des souvenirs de notre jeunesse qui remonte à bien des années vous devez penser souvent à Boulevard des Italiens

montsurvent 12 février 187[illegible]

mon cher vignères vous
m'avez bien envoyé vos 2 ex
catalogue vous oubliez de
donner l'édition et les
détails des frais de vente
je ne vous parle que du
dernier vente du 14 janvier
le catalogue du mois de
novembre dernier est payé
par vous en donnée chez
mon gendre boivin 3 rue
de valois palais Royal

avez vous connaissance
du libraire Barraud
rue de seine qui
a commencé une publication
des catalogues des
theatre commencée
chez Baur et publiée
de nouveau chez barraut
qui demeure rue de
seine je dois l'avoir
rencontré chez vous
le matin une fois

www.ingramcontent.com/pod-product-compliance
Ingram Content Group UK Ltd.
Pitfield, Milton Keynes, MK11 3LW, UK
UKHW021516260726
13993UKWH00004B/1710

9 782329 516547